한을이 나라를 셍우라 했네

가야

건국신화

한겨레 옛이야기 · 34
가야 건국신화
ⓒ 조현설, 조혜원 2009

초판 1쇄 발행 2009년 9월 9일 | **4쇄 발행** 2025년 7월 11일

지은이 조현설 | **그린이** 조혜원
펴낸이 유강문 | **편집** 한겨레아이들 | **디자인** 달·리 크리에이티브
마케팅 김한성 조재성 박신영 김애린 오민정

펴낸곳 (주)한겨레엔 www.hanibook.co.kr | **주소** 서울시 마포구 창전로 70(신수동) 화수목빌딩 5층
전화 02-6383-1602~3 | **팩스** 02-6383-1610 | **출판등록** 2006년 1월 4일 제313-2006-00003호

ISBN 979-11-7213-282-8 73810

· 값은 뒤표지에 있습니다.
· 이 책의 일부 또는 전부를 재사용하려면 반드시 저작권자와 (주)한겨레엔 양측의 동의를 얻어야 합니다.
· KC마크는 이 제품이 공통안전기준에 적합하였음을 의미합니다.
⚠ 책 모서리에 다치지 않게 주의하세요.

한울이 나라를 세우라 했네

가야 건국신화

조현설 글 · 조혜원 그림

한겨레아이들

가야를 세운 사람들

아홉 간
나라가 생기기 전에 있던 아홉 마을의 우두머리들. 구지가를 부르며 임금을 맞이해 가야의 건국을 돕는다.

수로왕과 허왕후
결혼해 아홉 아들을 낳고, 허왕후는 157세에 수로왕은 158세에 세상을 떠난다.

차례

가야 건국신화_하늘이 나라를 세우라 했네

구지봉에서 들리는 이상한 소리 · 10

대가락국의 임금이 된 수로 · 23

수로왕과 탈해의 변신술 대결 · 32

수로왕을 찾아온 아유타국 공주 허황옥 · 44

백성을 자식처럼 사랑한 수로왕과 허왕후 · 58

신이 된 수로왕의 기이한 행적 · 70

또 하나의 가야 건국신화

두 가야국의 왕을 낳은 가야산신 정견모주 · 85

해설_거북아 거북아 머리를 내밀어라 · 104

한늘이 나라를 세우라 했네

가야 건국신화

구지봉에서 들리는 이상한 소리

하늘과 땅이 열리고 세상에 사람이 살기 시작했지만 가락 땅에는 아직 나라가 없었습니다. 나라가 없으니 임금이라는 말도 신하라는 말도 없었지요. 그래도 사람들이 모여 사는 마을은 있었습니다. 산과 들에 모두 아홉 마을이 흩어져 있었지요. 가락 땅은 물이 풍부하고 땅이 기름져서 다들 농사를 지으며 풍족하게 살고 있었습니다.

각 마을에는 임금 대신 우두머리가 되는 어른이 있었습니다. 그런데 우두머리를 부르는 이름이 아도간, 여도간, 피도간, 오도간, 류수간, 류천간, 신천간, 오천간, 신귀간 등으로 마을마다 조금씩 달랐습니다. '간'은 우두머리를 뜻하는 말이지요.

아홉 간들은 해마다 봄, 가을이면 함께 모여 제사를 지내면서 마을 사이의 문제를 의논하곤 했습니다. 그날을 '계욕일'이라 했는데, 함께 목욕을 하고 몸을 깨끗이 하여 나쁜 것을 몰아내는 날이란 뜻이었어요.

때는 42년 3월 봄날 계욕일이었지요. 그날도 아홉 간들이 구지봉 아래 모여 목욕을 한 뒤 제사를 지내고 있었습니다. 아홉 간들 뒤로는 여러 마을에서 온 백성들이 2~300명 가까이 둘러서 있었어요. 그런데 갑자기 거북이가 엎드린 모습을 한 구지봉 쪽에서 어떤 소리가 들렸습니다.

"여봐라."

아홉 간들은 처음에는 바람 소린가 했지요. 그런데 그 소리가 또다시 들려왔어요.

"여봐라."

그제야 모든 사람들의 눈과 귀가 소리 나는 쪽으로 쏠렸습니다. 이제 소리는 아주 분명해졌습니다.

"거기 누가 있느냐?"

소리는 봉우리 쪽에서 들려왔지만 여전히 누구의 소리인지는 알 수가 없었습니다. 그곳에는 구지봉 말고는 아무것도 없었으니까요.

"거기 누가 있느냐?"

다시 한번 목소리가 울려 퍼졌을 때 아홉 간들은 일제히 무릎을 꿇고 엎드렸습니다.

"예. 저희들이 있사옵니다."

아홉 간들은 한목소리로 대답을 했습니다. 뒤에 있던 무리들도 아홉 간들을 따라 엎드렸지요.

"내가 있는 곳이 어디냐?"

"구지봉이옵니다."

아홉 간들 가운데 제일 어른인 아도간이 대답했습니다.

"하늘님이 이곳에 나라를 세우고 임금이 되라고 내게 명하셨다. 그래서 내가 여기 온 것이니 나를 맞이하려면 나의 명을 따라야 할 것이다."

"저희들도 마침 아홉 마을이 힘을 모아 나라를 세우자는 이야기를 하고 있었사옵니다. 이는 하늘님이 저희의 마음을 알아주신 것이옵니다. 저희들이 할 바를 말씀해 주옵소서."

아도간의 말에 다른 간들도 한목소리로 외쳤습니다.

"저희들이 할 바를 말씀해 주옵소서."

"너희들은 구지봉 꼭대기의 흙을 파면서 노래를 불러라. '거북아 거북아 머리를 내밀어라. 내밀지 않으면 구워 먹으리라.' 이 노래를 계속 부르면 너희들이 바라는 큰 임금을 맞이하게 될 것이다."

아홉 간들은 백성들과 함께 구지봉 꼭대기로 올라가 흙을 파면서 노래를 불렀습니다.

거북아 거북아
머리를 내밀어라.
내밀지 않으면
구워 먹으리라.

노래를 부르면서 어떤 사람은 괭이로 땅을 탁탁 두드리기도 하고,

어떤 사람은 춤을 추기도 했어요. 그 모습은 마치 가락 땅 사람들이 함께 밭을 일구면서 농사일을 하는 모습 같았습니다.

"어, 저게 뭐지?"

모두들 임금을 맞이한다는 기쁨에 빠져 있을 때 누군가 소리쳤어요. 모든 사람들의 눈길이 한곳으로 쏠렸지요. 나무 사이로 드리워진 긴 자줏빛 줄 같은 것이 무리들의 눈에 들어왔어요. 마치 나무 사이로 햇살이 비치는 것 같기도 했지요.

아홉 간이 앞장서 달려가 보니 긴 끈이 드리워진 곳에 붉은 보자기로 싼 상자가 하나 있었습니다. 금으로 만든 상자였지요. 하늘에서 줄에 달려 내려온 것 같았어요.

"아까 들었던 목소리가 나온 곳이 이 상자가 아닐까요? 어서 열어 보시지요."

여도간이 아도간을 재촉했습니다. 아도간은 떨리는 손으로 조심스레 상자의 뚜껑을 열었습니다. 그 순간 상자 안에서 환한 빛이 쏟아져 나와 아홉 간들의 눈을 찔렀습니다.

"앗!"

"오……."

사방에서 탄성이 흘러나왔습니다. 상자 안에는 해처럼 둥근

황금 알 여섯 개가 가지런히 놓여 있었어요. 크기도 보통 큰 것이 아니었어요.

"알 속에 무엇이 들었을까?"

여도간이 혼잣말처럼 중얼거렸습니다.

"하늘님의 뜻이 들었겠지요."

곁에 있던 아도간이 대답했습니다.

"자, 이제 우리 예를 올립시다. 하늘님께서 우리에게 보내 주신 임금이니 임금을 맞이하는 예를 올립시다."

아도간의 말에 따라 아홉 간들은 모두 알을 향해 절을 올렸습니다. 뒤에 있던 무리들도 따라서 절을 올렸지요. 그렇게 백 번이나 절을 올린 뒤 다시 상자를 닫고 붉은 보자기로 쌌어요. 아홉 간들은 상자를 조심스레 아도간의 집으로 옮긴 뒤 날이 밝으면 다시 모이기로 하고 헤어졌습니다.

다음 날 아침, 아홉 간들은 아도간의 집에 모두 모였어요. 소문을 들은 백성들도 구름처럼 모여들었지요. 상자를 아도간의 집으로 옮긴 지 12시간이 지난 때였어요.

아홉 간들은 세 번 절하는 삼배의 예를 드린 뒤 붉은 보자기를 풀었습니다. 그러고는 아도간과 여도간이 양쪽을 잡고 조심스레

상자를 열었어요. 그 순간, 아홉 간들은 또 한 번 깜짝 놀랐습니다. 알은 보이지 않고 환한 빛 속에 잘생긴 사내아이 여섯 명이 앉아 있었으니까요. 밤사이에 알을 깨고 나온 모양이었습니다.

"이분들이 바로 하늘님이 보내신 임금들이 아니겠소?"

"그렇다면 이분들 가운데 한 분이 어제 목소리의 주인공이겠지요?"

"맞소이다."

아도간과 여도간의 대화를 듣고 있던 다른 간들도 모두 고개를 끄덕였습니다.

"옷부터 지어 입히는 것이 좋지 않겠소이까?"

류도간의 말대로 아이들은 아직 아무것도 입고 있지 않았습니다. 아홉 간들은 급히 여섯 아이에게 옷을 지어 입힌 다음 평상*에 앉혔습니다. 아이들은 아직 아무도 입을 열지 않았지만 얼굴에는 환한 빛이 가득했습니다.

방문을 열어젖히자 방 안 가득하던 빛이 밖으로 퍼져 나갔어요. 기다리던 백성들은 아이들의 모습에 놀라고 빛에 놀라 저절로 두

---

* 평상 : 나무로 앉거나 누워 쉴 수 있게 만든 것.

손을 모으고 허리를 굽혔습니다. 그리고 아홉 간들을 따라 절을 하며 만세를 외쳤습니다.

    우리 임금님 만세!
    우리 가락국 만세!

그 소리를 듣고 몰려왔는지 온갖 새들이 날아다니며 노래를 불렀어요. 닭들은 새벽을 알리듯 홰를 치며 사방에서 울고, 먼 들판에서는 학들이 어울려 군무*를 추었지요. 멀리 구지봉에서는 짐승들의 포효 소리도 들려왔어요. 진달래가 산천을 덮고 있던 3월 봄날에 일어난 일이었습니다.

* 군무 : 여러 명이 무리를 지어 추는 춤.

대가락국의 임금이 된 수로

여섯 아이들은 아도간의 집에 머물며 아홉 간의 극진한 대접을 받았습니다. 그런데 이들은 평범한 아이들이 아니었어요. 키는 어찌나 빨리 자라는지 열흘이 지나자 다들 아홉 자가 넘었어요. 보통 사람보다 배나 큰 젊은이가 된 거지요.

아이들이 하루가 다르게 자라는 동안 아홉 간들에게는 걱정거리가 생겼습니다. '거북아 거북아 머리를 내밀어라. 내밀지 않으면 구워 먹으리라.' 이 노래를 가르쳐 준 목소리의 주인공을 찾는 일이 고민이었지요. 여섯 명 모두가 임금이 될 수는 없으니까요.

그때 아홉 간들의 눈에 띄는 아이가 있었습니다. 여섯 명 가운데 몸집도 가장 크고 말도 가장 빨리 한 아이였지요. 아홉 간들은 이 아이를 '수로'라고 불렀는데 으뜸이란 뜻이었어요. 아홉 간들이 보지는 못했지만 사실 수로는 가장 먼저 알에서 나온 아이였어요.

이레쯤 지났을 때, 가장 나이가 많은 아도간이 먼저 입을 열었습니다.

"내 생각에는 이제 더 고민할 게 없을 것 같소."

아도간의 말에 여도간이 맞장구를 쳤지요.

"아도간 어른 생각도 그러시지요? 수로야말로 우리가 기다리던 큰 임금입니다."

옆에 서 있던 신천간도 한마디 거들었어요.

"수로는 옛 성인들처럼 얼굴이 용과 같이 빛이 납니다. 그리고 수로는 검푸른 기운이 도는 팔자 눈썹 아래 눈동자가 두 개나 번득이고 있어요. 하늘이 내린 성인의 모습입니다. 제 생각에도

수로가 으뜸입니다."

　역사를 잘 알고 있는 신천간의 말에 모두 고개를 끄덕였습니다.

　아홉 간들은 마침내 수로를 임금으로 결정했습니다. 서둘러 며칠 만에 임시 궁궐을 짓고 수로를 모셨어요. 백성들이 서로 나서서 일을 한 덕분에 빨리 지을 수 있었지요. 하지만 임시로 지은 궁궐이라 작고 소박했어요. 지붕도 이엉으로 엮어 얹었고 계단은 흙으로 쌓았지요. 그래도 수로는 백성들에게 몹시 고마워했습니다.

　수로는 42년 3월 보름날, 드디어 왕위*에 올랐습니다. 나라 이름은 아홉 간들과 의논해서 대가락국이라고 했어요. 땅 이름을 따른 것인데 나중에는 가야국으로 불렸습니다. 수로는 아홉 간을 신하로 삼고 신하들에게 성을 하나씩 주었어요. 수로 자신은 김(金)씨 성을 가졌는데 황금 상자에서 나왔다고 해서 붙인 성이었습니다.

　김수로가 가락국의 첫 임금이 되자 나머지 다섯 분들은 가락국을 떠났습니다. 모두 자기 나라를 세우려고 하늘에서 내려온

* 왕위 : 왕의 자리.

분들이었으니까요. 어떤 분은 지리산 쪽으로, 어떤 분은 가야산 아래쪽으로, 어떤 분은 남쪽 바다 쪽으로 떠났습니다. 다섯 분 모두 서로 다른 곳에서 나라를 세우고 임금이 되었지요. 나중에 이들 나라를 모두 일러 여섯 가야라고 했어요. 여섯 가야 가운데 대가락국이 맏이였지요. 대가락국을 중심으로 여섯 가야는 서로 형제처럼 평화롭게 지냈습니다.

수로왕이 왕위에 오른 다음 해인, 43년 정월의 일입니다. 조회 때 수로왕이 신하들에게 말했습니다.

"내가 새 땅에 수도를 정하고 궁궐을 지으려고 하오. 여러분들의 생각은 어떠하오?"

신하들은 누구도 반대하지 않았습니다. 지금 수로왕이 살고 있는 임시 궁궐은 너무 좁아 회의를 하기도 어려웠기 때문이지요.

"어느 땅을 생각하고 계시옵니까?"

아도간 어른이 다른 신하들을 대신해 왕께 여쭈었습니다.

"다들 함께 나가 보시지요. 가 보고 이야기를 하도록 합시다."

수로왕은 신하들을 거느리고 임시 궁궐 남쪽으로 내려갔습니다. 궁궐 남쪽에는 밭이 많았는데 농사를 짓기 시작한 땅이라고 해서 다들 신답평이라고 불렀어요. 왕은 신답평에 이르러 주변을 둘러보았습니다. 사방이 산으로 둘러싸여 있어 궁궐을 세울 만한 땅이었어요.

수로왕은 좌우의 신하들을 향해 말했습니다.

"이 땅은 좁기가 여뀌 잎 같지만 아름답고 신비로운 땅이오. 사람들은 그 가치를 잘 몰라 버려둔 땅이지만 이곳은 신들이 와서 살 만한 땅이라오. 여기에 궁궐을 짓고 이 땅을 바탕으로 나라의 기틀을 닦는 것이 좋겠소."

"마마의 말씀을 듣고 보니 정말로 좋은 땅인 듯합니다. 사방이 산으로 둘러싸여 나라를 방어하기에도 적당해 보이옵니다."

아도간의 말에 다른 신하들도 한목소리로 말했습니다.

"마마의 혜안*에 저희들은 감탄할 따름이옵니다."

그날부터 아도간의 지휘 아래 성을 쌓고 궁궐을 짓는 일이 시작되었습니다. 온 백성들이 나와 일을 했지만 수로왕의 뜻에 따라 농사를 짓는 바쁜 때는 일을 쉬었어요. 그래서 농사가 시작되기 전인 3월 열흘날 성 쌓는 일은 마무리했지요. 궁궐을 짓는 일은

* 혜안 : 사물을 꿰뚫어 보는 안목.

한 해 농사가 마무리된 그해 10월에 시작되어 이듬해 2월에 끝이 났습니다.

드디어 수로왕은 춘삼월 좋은 날을 잡아 새 궁궐로 자리를 옮겼습니다. 이사를 마친 왕은 큰 잔치를 베풀고 새 궁궐을 짓느라 수고한 신하들을 치하*했어요. 수고한 백성들에게도 칭찬을 아끼지 않았지요.

"우리 임금님은 정말 대단하지."

"그럼, 농사일 바쁠 때는 나랏일을 안 시키잖아. 백성들의 마음을 잘 헤아리는 분이시지."

"이봐. 나는 멀리서 임금님의 모습만 봐도 고개가 저절로 숙여져. 한 번도 못 봤지만 임금님은 눈동자가 둘이시라잖아."

"앞으로 우리나라는 좋은 나라가 될 거야."

"이제 임금님도 왕비를 맞으셔야 할 텐데……."

"맞아. 하하하."

백성들은 잔칫상에 둘러앉아 술잔을 돌리며 임금님 이야기로 웃음꽃을 피웠어요.

---

* 치하 : 남이 한 일에 대하여 고마움이나 칭찬의 뜻을 표시함.

백성, 신하, 임금이 하나가 되고, 춤과 노래와 이야기가 어우러진 잔치는 사흘 밤낮으로 이어졌습니다.

거북아 거북아
머리를 내밀어라.
내밀지 않으면
구워 먹으리라.

백성들은 수로왕을 맞이하며 불렀던 노래를 부르고, 땅을 파는 흉내를 내면서 잔치의 흥을 돋우었지요. 백성들의 유쾌한 웃음 잔치에 함께하듯 산과 들에 만발한 봄꽃들도 바람에 흔들리며 춤을 추고 있었어요.

수로왕과 탈해의 변신술 대결

그 무렵 바다 건너에 완하국이라는 나라가 있었습니다. 가락국에서 동북쪽으로 수천 리나 떨어진 곳이었지요. 완하국은 함달왕이 다스리고 있었어요.

그런데 함달왕과 왕비 사이에는 오랫동안 자식이 없었습니다. 간절히 자식을 원했던 왕비는 늘 신에게 빌었어요. 하늘의 신에게도 빌고 산천의 신에게도 빌었지요. 왕비의 간절한 기도가 하늘에

통했는지 어느 날 왕비의 배가 불러 오기 시작했어요. 나라의 경사였지요. 함달왕은 기쁨에 들떠 감옥에 갇힌 죄인을 풀어 주며 아이가 무사히 태어나길 기원했습니다.

왕비는 1년 만에 출산을 했는데 낳고 보니 큰 알이었습니다. 함달왕의 실망이 이만저만이 아니었지요. 왕은 왕비에게 엄하게 명령했습니다.

"사람이 알을 낳다니, 이는 좋은 일이 아니오. 알을 멀리 가져다 버리시오."

왕비는 가슴이 찢어지듯 아팠지만 왕의 명령이라 어쩔 수 없었습니다. 그래서 알을 쇠로 만든 큰 함에 넣었어요. 그러고는 시녀들을 불러 산속에 버리라고 했어요.

그런데 한참 뒤에 시녀들이 놀란 얼굴로 뛰어 들어왔습니다.

"왕비 마마, 왕비 마마, 큰일이 났사와요. 함 속에서……."

"무슨 일이냐? 천천히 말해 보거라."

"함 속에서 아이가 나왔사옵니다. 저희들이 함을 수레에 싣고 가는데 이상한 소리가 들려 열어 보았더니 거기에 어린아이가 있었사옵니다."

그때 나이 든 시녀가 어린아이를 안고 급히 걸어 들어왔습니다.

"마마, 아무래도 알 속에서 나온 아이 같사옵니다. 그래서 버리지 못하고 되돌아왔사옵니다."

왕비는 얼른 아이를 받아 안았어요. 아이는 엄마 품에 안겨 방긋방긋 웃었어요. 흐르는 눈물을 훔친 왕비는 엄한 목소리로 시녀들의 입을 단속했습니다.

"당분간 이 일이 대왕마마의 귀에 들어가서는 절대 안 된다. 알겠느냐?"

시녀들은 서로 눈짓을 주고받으며 모두들 제 입에 검지를 갖다 댔어요.

왕비는 알에서 나온 아이에게 탈해라는 이름을 지어 주었습니다. 알을 깨고 나왔다는 뜻이었지요.

탈해는 왕비의 보호를 받으며 궁궐 깊숙한 곳에 숨어 지냈어요. 하지만 탈해는 보통 아이들과 달랐어요. 하루 이틀 사이에 키와 몸집이 눈에 보일 정도로 쑥쑥 자랐지요. 한 달이 지나자 늠름한 소년이 되어 있었습니다.

그러나 밤말은 쥐가 듣고 낮말은 새가 듣는다고 탈해의 비밀은 오래가지 못했습니다. 조금씩 궁궐 안에 소문이 퍼지더니 한 달쯤 지나 마침내 함달왕의 귀에까지 들어갔습니다. 함달왕은 크게

화를 내며 왕비를 불렀어요.

"왕비께서 알에서 나온 아이를 몰래 키우고 있다는 소문을 들었소이다. 참말이오?"

"용서하여 주옵소서. 진작 말씀 드린다는 것이 늦었사옵니다."

"소문이 사실이었단 말이오?"

함달왕은 주먹으로 상을 내리치며 목청을 높였습니다. 왕비는 울먹이며 왕에게 간청했습니다.

"어미로서 차마 버릴 수는 없었사옵니다. 하늘이 우리에게 주신 아이이오니 한 번이라도 만나 보옵소서."

그러나 함달왕은 왕비의 간곡한 부탁을 뿌리쳤습니다.

"그래서 내가 불길하다고 하지 않았소. 알에서 나온 아이가 이 나라의 왕이 될 수는 없는 일이오. 지금이라도 늦지 않았으니 멀리 보내시오. 보고 싶지 않소. 왕비는 다시는 내 명을 어기지 마시오."

왕비는 탈해를 멀리 보낼 수밖에 없었습니다. 하지만 차마 탈해 앞에서는 그 말을 입에서 꺼내지 못하고 있었지요. 그러나 탈해는 이미 모든 것을 깨닫고 있었습니다. 자신이 이 나라를 떠나 다른 곳에 가서 왕이 될 운명을 안고 세상에 태어난 것을 말입니다.

탈해가 먼저 왕비에게 말을 꺼냈습니다.

"어머니, 떠날 때가 되었습니다. 말씀하지 않으셔도 다 알고 있습니다. 제가 가야 할 곳은 저 바다 건너에 있습니다."

왕비는 말 없이 눈가에 흐르는 눈물을 찍어 낼 뿐이었습니다.

탈해는 작은 배에 남녀 종들과 보물을 싣고 길을 떠났습니다. 배는 바람을 타고 물결을 타고 한 달여를 달려 드디어 해안선이 보이는 곳에 도착했어요. 그곳은 가락국의 남쪽 바다였어요. 탈해는 땅으로 올라오지 않고 해변에서 조금 떨어진 곳에 닻을 내리고 하루를 머물렀습니다.

다음 날 가락국 사람들이 해변가로 몰려나왔습니다. 이상한 깃발을 꽂은 배가 바닷가에 도착했다는 보고를 받은 수로왕이 손님을 잘 맞이하라고 신하를 보낸 것이지요. 사신들의 안내에 따라 나루터에 배를 댄 탈해는 종들을 거느리고 수로왕의 궁궐로 갔습니다.

"뱃길에 노고가 많았겠소이다. 그대는 어디서 온 누구시오?"

수로왕의 인사를 받은 탈해는 도전적으로 말했습니다.

"나는 왕의 자리를 빼앗으러 왔소이다."

갑작스런 탈해의 말에 수로왕은 기분이 상했지만 점잖게 타이르며 말했습니다.

"하늘이 나를 보내 이 나라의 왕이 되어 나라를 안정시키고 백성을 편안하게 하라고 하셨소. 그런데 누구인지도 모르는 자에게 왕위를 넘기고, 백성을 맡길 수는 없소. 그것은 하늘의 명을 어기는 일이오."

"나는 알에서 태어난 탈해요. 왕에게 하늘이 있으면 나에게도 하늘이 있고, 하늘이 내게 주신 능력이 있소이다. 한번 재주를 겨뤄 보시겠소이까? 내가 지면 조용히 물러나겠지만 내가 이기면 왕위를 넘겨야 될 것이오."

탈해는 수로왕에게 변신술로 싸우자고 제안했습니다. 수로왕은 그 제안이 마음에 들지 않았지만 탈해의 버릇을 고쳐 주고 싶어서 승낙했습니다.

"좋소이다. 그대는 그대 말에 책임을 져야 할 것이오."

말이 끝나자마자 탈해는 훌쩍 뛰어오르더니 참새로 변신하여 궁궐 지붕으로 날아올랐습니다. 그것을 지켜보던 수로왕도 미소를 지으며 훌쩍 뛰어올랐지요. 그 순간 왕의 모습은 간 곳이 없고 새매 한 마리가 하늘로 날아올라 참새의 뒤를 쫓았습니다. 그러자

쫓기던 참새는 매로 변신하더니 새매를 공격하듯 달려들었지요. 그때 새매는 눈 깜짝할 사이에 독수리로 변해 매를 향해 날아갔어요.

도망치던 매는 땅으로 내려앉더니 이번에는 사슴으로 변해 숲속으로 달려갔습니다. 그러자 뒤쫓던 독수리도 순식간에 늑대로 변해 사슴을 쫓았지요. 그러나 늑대는 따라갈 뿐 공격하지는 않았어요.

줄행랑을 치던 사슴은 갑자기 몸을 한 바퀴 구르더니 표범으로 돌변해 늑대를 공격하기 시작했어요. 그러자 늑대는 호랑이로 변신해 표범에 맞섰습니다. 표범은 호랑이 앞에서 꼬리를 내리고 슬슬 도망치더니 탈해의 모습으로 돌아왔어요. 그러자 호랑이도 수로왕으로 돌아왔지요.

탈해는 그제서야 수로왕 앞에 무릎을 꿇고 엎드렸습니다.

"제가 왕과 변신술로 겨루었는데 참새가 새매에게, 매가 독수리에게, 사슴이 늑대에게, 표범이 호랑이에게 잡히지 않았사옵니다. 이는 제 능력이 뛰어난 탓이 아니라 왕의 어진 마음 때문이옵니다. 왕과 같은 성인과 더불어 왕위를 다투기는 어려울 것이옵니다. 제 무례를 용서하옵소서."

"이곳은 그대가 머물 땅이 아니오. 그대를 억지로 잡아 두지는 않을 터이니 곧 떠나시오."

"왕의 너그러운 마음을 잊지 않겠사옵니다."

탈해는 수로왕께 인사를 올린 뒤 종들을 거느리고 궁궐을 떠났습니다. 그러나 수로왕은 마음이 놓이질 않았습니다. 혹시 탈해가 떠나지 않고 어딘가 숨어 있다가 반란을 일으킬 지도 모르니까요.

수로왕은 즉시 궁궐의 호위*를 책임지는 신귀간 대장을 불렀습니다.

"장군은 지금 바로 탈해 일행을 뒤따라가시오. 공격하지는 말고 다른 길로 빠지지 않는지, 혹시 백성들을 해치지 않는지 잘 감시하시오."

"예, 분부대로 하겠사옵니다."

신귀간 대장은 곧바로 부하들을 이끌고 탈해를 추격하기 시작했습니다.

탈해는 수로왕의 걱정과는 달리 곧장 나루터로 가 타고 온

---

* 호위 : 궁궐을 지킴.

배에 올랐습니다. 이미 탈해는 가락국 땅이 자신이 왕이 될 곳이 아니라는 것을 알았기에 다른 미련이 남아 있지 않았어요. 수로왕의 부하들이 자신을 추격하고 있다는 것도 알았지만 신경 쓰지 않았습니다.

 탈해의 배가 바다로 나가자 신귀간은 500척이나 되는 배를 거느리고 뒤따라왔어요. 탈해가 다시는 가락국을 넘보지 못하도록 힘을 과시하려는 뜻이었지요. 탈해는 가락국을 떠나 계림국*을 향해 돛을 올렸습니다. 탈해의 배가 멀리 사라지자 신귀간은 군사들을 거두어 돌아갔습니다.

 가락국을 떠난 탈해는 며칠 뒤 계림국에 도착했습니다. 탈해는 그 길로 종들을 거느리고 서라벌로 들어갔지요. 그리고 꾀를 써서 호공이라는 사람의 집을 빼앗아 살았어요. 그 소문을 들은 계림국 남해왕은 탈해를 지혜로운 인물이라고 생각하여 사위로 삼았습니다.

 그 뒤 남해왕의 아들 노례왕이 나라를 다스리다가 죽었는데 뒤를 이을 자식이 없었습니다. 자연스럽게 왕위가 탈해에게 넘어

---

* 계림국 : 신라의 다른 이름.

갔어요. 탈해는 남해왕의 사위이고, 또 지혜로운 사람이라는 것을 온 나라가 알고 있었으니까요.

수로왕을 찾아온 아유타국 공주 허황옥

서기 48년 7월 27일, 그러니까 수로왕이 즉위한 지 7년째 되는 해였습니다. 조회 때 아도간이 아뢰었습니다.

"저희들이 여러 해 동안 의논해 오던 일을 아뢰겠사옵니다. 대왕님의 덕과 슬기에 힘입어 이제 나라가 안정되고 백성들의 생활이 편안해졌사옵니다.

하지만 대왕께서 하늘에서 내려오신 지가 어언 일곱 해가 지났사온데 아직 좋은 배필*을 얻지 않으셨사옵니다. 그것이 저희들과 백성들의 큰 근심이옵니다. 그래서 저희들의 딸 가운데 제일 좋은 처녀를 뽑아 왕비로 삼으시는 것이 어떠할런지요. 이것이 저희들이 드리는 간청이옵나이다."

아도간이 머리를 조아리자 다른 아홉 간들도 한목소리로 "간청하옵나이다."를 외치며 머리를 조아렸습니다.

웃음을 머금은 채 신하들을 보고 있던 수로왕이 입을 열었습니다.

"내가 이 땅에 내려온 것이 하늘의 뜻이었으니 나의 혼인 또한 하늘의 뜻에 달린 것이오. 그대들은 걱정하지 말고 때를 기다리시오."

수로왕의 말에 신하들은 더 할 말이 없었습니다. 언제인지 알 수 없는 그때를 기다릴 수밖에 없었지요.

며칠 뒤 수로왕이 류천간과 신귀간을 불렀습니다.

"류천간께서는 빠른 배에 좋은 말을 싣고 망산도로 가시오. 그리고 신귀간 대장은 승점으로 가서 기다리시오."

* 배필 : 부부로서의 짝.

갑작스런 명령에 어리둥절해하던 류천간이 조심스레 물었습니다.

"무슨 일로 망산도로 가라 하시는지요?"

"가서 기다리면 자연히 알게 될 것이니 빨리 떠나시오."

수로왕의 명을 받고 물러난 류천간은 망산도를 향해 급히 말을 달렸습니다. 망산도는 가락국 남쪽에 있는 섬이었지요.

류천간이 떠난 뒤 준비를 마친 신귀간도 부하들을 거느리고 승점으로 향했어요. 승점은 서울로 들어오는 길목에 있는 곳이었어요.

망산도에 도착한 류천간은 배에서 내려 섬의 가장 높은 곳으로 올라갔습니다. 무언가 나타나기를 기다리면서 말이지요. 저물어 가는 서쪽 하늘을 보며 류천간은 '왕께서 나를 보낸 것은 외국에서 오는 손님을 맞이하라는 뜻이 아닐까.' 하는 생각에 잠겨 있었어요.

그때 갑자기 서남쪽에 배가 보이기 시작했어요. 붉은 돛에 붉은 깃발을 단 화려한 배였지요. 배를 본 류천간은 군사들에게 급히 명을 내렸어요.

"서둘러 횃불을 피워 올려라."

군사들은 서둘러 횃불을 들어 올렸습니다. 그러자 그 불을 본 배가 섬을 향해 뱃머리를 돌렸어요. 배의 속도가 빨라지는 것을 보면서 류천간은 다시 명을 내렸습니다.

"횃불을 바꿔 승점으로 신호를 보내라."

횃불이 바뀌는 것을 보면서 류천간은 급히 바닷가로 달려갔습니다. 류천간이 바닷가에 이르렀을 때 붉은 배는 막 닻을 내리고 있었지요.

그런데 배에서 내린 사람들의 생김새가 가락국 사람들과는 많이 달랐습니다. 살갗은 구릿빛이었고 눈은 깊이 파여 있었지요. 옷차림도 붉게 치장한 배처럼 화려했어요. 그들 가운데 류천간의 눈에 들어오는 한 여인이 있었습니다. 한눈에 봐도 신분이 아주 높은 사람처럼 보였어요. 류천간은 앞으로 나가 예를 다해 인사를 건넸습니다.

"우리 가락국에 오신 것을 환영합니다. 우리 대왕께서 선견지명* 이 있으셔서 귀한 손님이 올 터이니 가서 맞으라고 저를 보내셨

---

* 선견지명 : 어떤 일이 일어나기 전에 미리 앞을 내다보는 지혜.

습니다. 오늘은 날이 저물었으니 여기 머무시고, 내일 채비를 갖춰 궁궐로 모시겠습니다."

여인은 웃으며 눈인사를 하고는 아무 말이 없었습니다. 류천간은 손님들을 숙소에 모신 뒤 정성을 다해 음식과 술을 대접했습니다.

한편 횃불 신호를 본 신귀간은 급히 궁궐로 돌아가 수로왕께 아뢰었습니다.

"망산도에 귀한 손님이 도착했다는 소식이옵니다."

"그래? 바로 내가 기다리던 손님이로구나. 하늘이 내게 보낸 손님이야."

수로왕은 즉시 아도간을 불러 손님을 맞이할 만반의 준비를 하라고 명했습니다.

다음 날 이른 아침, 아도간 일행은 화려하게 꾸민 배를 띄웠습니다. 왕후를 맞을 배였지요. 배는 강물을 따라 내려가 한나절이 못 되어 망산도에 이르렀습니다. 아도간은 왕후에게 나아가 정중하게 인사를 올렸습니다.

"저희는 멀리서 오신 왕후를 맞이하러 온 사신이옵니다. 저희와 함께 대왕께서 기다리시는 궁궐로 가시지요."

그때 왕후가 비로소 입을 열었습니다.

"내가 평생 처음 보는 사람들을 어찌 경솔하게 따라가겠소? 가더라도 내가 스스로 찾아갈 것이오. 가서 대왕께 그렇게 전하시오."

아도간은 더 할 말이 없었습니다. 아도간 일행은 류천간과 함께 배를 끌고 되돌아올 수밖에 없었지요.

아도간은 수로왕에게 돌아가 사정을 아뢰었습니다. 그 말을 들은 수로왕은 고개를 끄덕였어요.

"참으로 슬기로운 여인이로구나. 그대들은 곧 궁궐 밖에 장막*을 치고 왕후를 맞을 채비를 하시오."

수로왕의 명에 따라 궁궐 밖 서남쪽으로 60여 보 되는 곳에 장막을 설치했습니다. 궁궐 앞에는 야트막한 산봉우리가 있었는데 그 아래쪽에 마련된 임시 궁전이었지요. 수로왕은 그 장막 궁전에 나가 왕후가 도착하기를 기다렸습니다.

그때 왕후는 신하와 노비들을 거느리고 별포 나루에 배를 댔습니다. 수로왕이 기다리는 산 너머에 있는 나루였지요. 배에서

---

* 장막 : 볕 또는 비바람을 피할 수 있도록 둘러치는 막.

내린 왕후 일행은 행렬을 이뤄 산언덕을 올랐어요. 왕후를 따르는 사람들은 두 신하 신보와 조광, 그들의 부인인 모정과 모량, 그리고 노비들을 합쳐 모두 스무 명 남짓이었습니다. 노비들의 짐 속에는 온갖 비단과 화려한 치마저고리, 금은과 옥으로 만든 패물들이 헤아릴 수 없이 많았지요.

앞장서 산길을 돌아가던 왕후가 문득 걸음을 멈추었습니다. 산신을 모신 신당 앞이었지요. 왕후는 홀로 산신당에 나아가 산신령 앞에 제사를 드렸습니다.

왕후는 자신이 입고 온 바지를 벗어 폐백*으로 바치면서 자신이 가락국 땅에 들어왔음을 아뢰었어요. 그리고 수로왕과의 혼인이 무사히 이루어질 수 있도록 빌었습니다.

다시 길을 나선 왕후 일행은 어느덧 산길을 내려와 장막 궁전에 이르렀습니다. 그것을 본 수로왕은 급히 나가 왕후를 맞이했어요.

"어서 오십시오. 먼 길에 고생이 많으셨습니다."

수로왕의 인사에 왕후는 가볍게 고개를 숙여 답례를 했습니다.

* 폐백 : 임금에게 바치거나 신에게 바치는 물건.

"여봐라. 귀한 손님을 어서 장막 안으로 모시고, 함께 온 신하들에게도 방을 하나씩 주어 편히 머무르게 하라."

수로왕은 멀리서 온 손님들을 후하게 대접했습니다. 난초로 만든 음료와 혜초*로 만든 귀한 술을 내주고, 고기와 떡도 한 상 가득 내주었어요. 비단으로 만든 자리에서 잠을 자게 하고, 옷과 보물도 아끼지 않았지요. 그리고 군사들을 보내 안전하게 지낼 수 있도록 보호해 주었습니다.

수로왕은 드디어 왕후와 함께 장막 안으로 들어가 마주 앉았습니다. 그때 왕후가 조용히 입을 열었어요.

"저는 저 바다 건너 아유타국의 공주이온데 성은 허, 이름은 황옥이고, 올해 나이가 열여섯이옵니다. 제가 아유타국에 있을 때인 지난 5월, 부모님께서 이런 말씀을 하셨습니다.

'우리가 어젯밤에 같은 꿈을 꾸었단다. 함께 하늘님을 뵈었는데 하늘님께서 수로를 세상에 내려보내 가락국의 왕위에 오르게 하였는데 아직 배필을 정하지 못하였으니 그대들의 공주를 보내 배필을 삼게 하여라, 이런 명을 남기시고 하늘로 올라가셨단다.

---

* 혜초 : 콩과의 두해살이 풀.

꿈을 깬 뒤에도 하늘님의 말씀이 귓가에 생생하구나. 너는 곧 아유타국을 떠나 가락국으로 가거라.'

부모님의 말씀대로 저는 아유타국을 떠나 이곳에 이르러 대왕의 얼굴을 뵙게 되었사옵니다."

수로왕은 허황옥의 이야기를 듣고 나서 웃음을 머금은 채 말했습니다.

"나는 나면서부터 하늘님께서 주신 신령한 능력이 있었소. 그 능력으로 공주께서 올 것을 미리 알고 있었기에 신하들이 왕비를 맞으라고 해도 따르지 않고 기다릴 수 있었소. 오랜 기다림 끝에 마침내 공주께서 스스로 찾아오셨으니 참으로 즐거운 일이 아니겠소. 나는 공주를 나의 배필로 맞이하겠소."

수로왕은 자리에서 일어나 허황옥의 두 손을 맞잡았습니다.

그날 저녁 수로왕과 허황옥왕후의 혼인식이 장막 궁전에서 열렸습니다.

횃불이 환하게 타오르는 가운데 두 사람이 맞절을 했어요. 혼인을 축하하는 백성들의 만세 소리는 하늘에 닿을 듯했고, 쏟아질 듯 빛나는 별은 하늘님의 축하를 전하는 듯했답니다. 수로왕과 허왕후는 이틀 밤을 장막 궁전에서 지냈습니다.

왕과 왕후는 궁궐로 돌아가기 전, 왕후를 모시고 왔던 뱃사공 열다섯 명을 아유타국으로 돌려보냈습니다. 신보, 조광 부부와 노비들은 왕후를 모시기 위해 남았지만 뱃사공들은 남아 있을 이유가 없었지요. 아유타국으로 돌아가 공주의 소식을 전할 사람도 필요했으니까요. 수로왕은 뱃사공들에게 각각 쌀 열 섬과 베 서른 필을 선물로 주었습니다.

백성을 자식처럼 사랑한 수로왕과 허왕후

 궁궐로 돌아온 수로왕은 왕후 허황옥을 중궁*에 머물게 했습니다. 따라온 두 신하 부부와 노비에게는 중궁 근처의 빈집을 주어 왕후를 모시게 했지요. 중궁에 필요한 물건들은 언제나 넉넉히 주었고, 왕후가 가지고 온 보물들은 궁궐 안 창고에 두었다가 필요할 때 쓸

* 중궁 : 왕비가 거처하던 궁궐.

수 있도록 배려해 주었습니다.

　수로왕의 넉넉한 마음 때문인지 왕과 왕후는 금슬이 아주 좋았습니다. 수로왕이 중궁에 들면 그곳에서는 웃음이 끊이질 않았지요.

　그러던 어느 날 아침, 왕후가 수로왕에게 조용히 말했어요.

"제가 지난밤에 꿈을 꾸었는데 이상하옵니다."

"무슨 꿈인데 그러시오?"

"꿈에 큰 곰이 보였는데 갑자기 제 품으로 달려들기에 깜짝 놀라 잠을 깼사옵니다. 무슨 나쁜 징조가 아닐런지요?"

"허허, 너무 걱정하지 마시오. 내 생각에 그건 태몽인 것 같소. 곰처럼 우직하고 씩씩한 아들이 태어날 모양이오."

　수로왕은 걱정하는 왕후의 마음을 위로해 주었습니다.

　태몽 덕분인지 정말 그달부터 왕후에게 태기*가 있었습니다. 왕후도 그제야 곰 꿈이 태몽이라고 믿게 되었습니다. 다음 해 왕후는 곰처럼 듬직한 아들을 낳았지요. 뒤에 태자가 된 거등공이 바로 꿈에 곰을 보고 낳은 아들이었습니다.

* 태기 : 아이를 밴 느낌.

허왕후는 그 뒤로도 아들 아홉을 더 낳았습니다. 그 가운데 둘째, 셋째 왕자는 어머니의 성을 따라 김해 허씨의 시조가 되었습니다. 그래서 김해 김씨와 김해 허씨는 결혼을 하지 않는 풍습이 생겨난 것입니다.

나머지 일곱 왕자들은 가야산으로 들어가 칠불봉 아래서 불도*를 닦았다고 합니다. 일곱 왕자들은 수도*를 시작한 지 3년 만에 큰 깨달음을 얻었습니다. 일곱 왕자들은 모두 살아 있는 부처로 가락국 백성들의 칭송을 받았지요.

왕후의 태몽이 있을 무렵의 일입니다. 어느 날 수로왕은 신하들에게 한 가지 제안을 했습니다.

"이제 제법 나라의 기틀이 갖추어졌소. 한데 여전히 마음에 걸리는 일이 있어 여러분들의 의견을 묻는 바이오. 여기 계신 아홉 간들은 모두 각 마을의 대표이자 나라의 어른들이고, 조정의 관리들 가운데 으뜸인 분들입니다. 그런데 불리는 이름은 미천한 사람들과 다르지 않소. 나도 우두머리, 너도 우두머리 모두 이런

---

* 불도 : 부처의 가르침.
* 수도 : 도를 닦음.

식이지요. 만약 다른 나라 사람들이 듣는다면 큰 웃음거리가 될 것이오. 이번 기회에 이름도 바꾸고, 나라의 관직 체계도 새로 마련해 보는 것이 좋겠소."

"예, 분부대로 하겠사옵니다."

신하들은 한목소리로 대답하고 물러났습니다. 신하들도 이전부터 이름을 바꿀 필요를 느끼고 있었습니다. 이제 대가락국이라는 큰 나라가 이루어졌으니 예전의 이름을 바꾸는 것은 나라의 기틀을 잡는 데 꼭 필요한 일이었습니다.

아홉 간은 머리를 맞대고 협의를 거듭했습니다. 그러나 서로 의견이 달라 쉽게 결론이 나지 않았습니다. 그때 아도간이 한 가지 제안을 했습니다.

"이렇게 하다가는 죽도 밥도 안 되겠소이다. 대왕께서 기다리실 텐데 빨리 매듭을 지어야 하지 않겠소. 내가 들으니 이웃 계림국은 이미 관직 체계를 잘 갖추었다고 하오. 바다 건너 한나라도 그렇다고 하오. 관직 제도는 계림국과 한나라의 것을 본받는 것이 어떻겠소? 그리고 우리 이름은 각자 마음에 들도록 고쳐서 내놓으면 어떻겠소?"

"찬성이오."

여도간이 먼저 동의를 하자 다른 이들도 모두 좋은 제안이라며 동의했습니다.

신하들은 며칠 뒤 다시 모였습니다. 각자 고쳐 온 이름대로 아도는 아궁으로, 여도는 여해로, 피도는 피장으로, 오방은 오상으로, 류수와 류천은 류공과 류덕으로, 신천은 신도로, 오천은 오능으로 바꿨습니다. 신귀는 소리는 그대로 두고 뜻만 신하 신(臣) 자에 귀할 귀(貴) 자로 고쳤습니다. 관직은 계림국의 제도를 본받아 상위 관직은 각간, 아즐간, 급간 3등급으로 구분하고 그 아래 관직은 한나라의 제도를 참고하여 6등급으로 나누었습니다. 모두들 결과에 만족하는 표정이었습니다.

신하들은 의논한 결과를 곧바로 수로왕께 보고했습니다. 보고를 들은 왕은 몹시 기뻐하면서 신하들의 수고를 칭찬했지요. 그리고 새로 마련된 관직 등급에 따라 아홉 간에게 각각 각간, 아즐간 등의 등급을 주었습니다.

수로왕은 왕후를 맞이하고, 나라의 제도를 고친 다음 왕후와 더불어 온 나라를 순행*했습니다. 백성들의 생활을 살펴보기

---

* 순행 : 임금이 나라 안을 두루 살피며 돌아다니던 일.

위해서였지요. 수로왕은 백성들을 자식처럼 사랑했어요. 헐벗은 사람들에게는 먹을 것과 입을 것을 아끼지 않았고, 어려운 문제가 있으면 끝까지 듣고 문제를 풀어 주었지요. 수로왕과 허황옥왕후의 덕으로 대가락국은 엄한 법이 아니어도 잘 다스려지는 나라가 되었어요.

백성들은 잔치가 있어 모일 때면 이런 노래를 즐겨 불렀지요.

> 하늘에게 땅이 있듯이
> 해에게 달이 있듯이
> 우 임금의 왕후 도산씨
> 하나라를 돕듯이
> 순 임금 왕후 아황과 여영
> 가문을 일으키듯이
> 수로왕에게는 허후가 있네.
> 가락국 일으킬 허후가 있네.

노랫가락이 퍼지듯 대가락국 김수로왕과 허황옥왕후의 이름은 점점 이웃 나라에 퍼져 나갔습니다. 계림국, 고구려, 마한, 바다 건너 왜도 앞다퉈 사신을 보내왔습니다. 대가락국은 점점 튼튼한 나라로 발전해 나갔지요.

평화로운 시절은 계속되어 어느덧 서기 189년이 되었어요. 그해 3월 초하룻날, 허황옥왕후가 세상을 떠났습니다. 그때 왕후의 나이가 157세였지요. 존경하던 왕후가 세상을 떠나자 백성들은 땅이 무너진 듯 몹시 슬퍼했어요. 왕후는 구지봉 동북쪽 둔덕에 묻혔습니다.

왕후의 장례를 치른 뒤 신하들 사이에서는 백성을 자식처럼 사랑한 왕후의 은혜를 기념해야 한다는 의견이 많았습니다. 백성들도 같은 생각이었지요. 백성들은 왕후가 망산도에 도착해서 궁궐로 오던 이야기를 하면서 왕후를 그리워했습니다.

신하들은 수로왕의 허락을 얻어 허왕후의 자취가 남아 있는 곳의 이름을 바꾸기로 했어요. 백성들의 마음을 위로하기 위한 결정이었지요. 그래서 허왕후가 처음 닻을 내린 도두촌을 주포촌으로 바꿨어요. 주포촌은 '귀한 분이 들어온 포구 마을'이라는 뜻입니다. 또 산신령에게 제사를 지내기 위해 비단 바지를 벗었던 언덕을 비단 고개라는 의미에서 능현이라 불렀습니다. 붉은

깃발을 달고 들어온 바닷가는 '깃발이 나타난 해변'이라는 의미로 기출변으로 바꿔 불렀지요.

허왕후가 세상을 떠난 뒤 왕후를 모시고 왔던 신보와 조광 부부도 1, 2년 사이에 세상을 떠났어요. 왕후를 모시던 노비들도 하나둘씩 고향을 그리워하다가 고향 쪽으로 머리를 두고 숨을 거두었지요. 신보와 조광은 자식들을 두었지만 노비들은 자식도 없이 타향에서 힘든 삶을 마쳤습니다. 수로왕은 그들의 혼이라도 위로하기 위해 정성껏 장례를 치러 주었습니다.

왕후가 떠나고, 왕후를 따라온 이들도 떠나자 중궁은 텅 빈 듯했습니다. 수로왕은 빈 중궁을 거닐면서 왕후를 그리워하고 먼저 떠난 것을 슬퍼하다가 서기 199년 3월 23일 세상을 떠났습니다. 왕후가 죽은 지 10년 만이었고, 수로왕의 나이 158세 때였지요. 온 나라 백성들은 사흘 밤낮을 울면서 대왕의 죽음을 슬퍼했어요.

태자 거등공이 아버지 수로왕을 이어 왕위에 올랐습니다. 거등왕은 곧 궁궐 동북쪽 평평한 땅에 죽은 뒤에 머무는 궁궐인 빈궁을 만들었습니다. 높이가 한 길이고 둘레는 300보나 되는 큰 빈궁이었어요.

거등왕은 부왕*의 시신을 이 빈궁에 장사를 지내고 나서 수릉왕묘라고 불렀습니다. 그 뒤 이 수릉왕묘에서는 해마다 성대한 나라 제사가 베풀어졌습니다. 구형왕 때까지 330여 년 동안 한 번도 어김없이 제사가 이어졌습니다.

* 부왕 : 왕자나 공주가 자기의 아버지인 임금을 이르던 말.

신이 된 수로왕의 기이한 행적

신라 문무왕이 어느 날 신하들에게 말했습니다.
"나는 가락국 구형왕이 우리나라에 항복할 때 데리고 온 아들 세종의 아들인 솔우공의 아들 서운 잡간의 딸 문명황후의 아들이오. 그러니 가락국의 시조* 수로왕은 나의 15대 조상이 되시지요.

* 시조 : 한 겨레나 가계의 맨 처음이 되는 조상.

수로왕이 다스리던 나라는 오래전에 없어졌지만 그 능묘*는 지금도 그대로 있다고 하오. 그러나 나라 제사가 끊어진 지는 오래되었다고 하오. 앞으로 김수로왕에 대한 제사를 우리나라의 시조 혁거세대왕에 대한 제사와 함께 모시는 것이 좋을 것 같소. 여러분의 생각은 어떠하오?"

"가락국은 오래전에 우리와 한 나라가 되었으니 함께 제사를 드리는 것이 마땅하옵니다."

신하들은 조상에 대한 제사를 소중하게 생각하는 문무왕의 뜻을 잘 알고 있었기에 아무도 반대하지 않았습니다. 수로왕에 대한 제사는 옛 가락국 백성들의 마음을 위로하는 의미도 가지고 있었으니까요.

문무왕은 수로왕의 17대손*인 갱세급간을 불러 제사를 주관하게 했습니다. 능묘 근처에 있는 좋은 밭을 주어 제사에 필요한 술과 음식 등 제물을 마련하게 했는데, 그 밭을 왕위전이라고 불렀습니다. 이로 인해 끊어졌던 제사가 다시 이어지게 되었지요.

* 능묘 : 임금이나 왕후의 무덤.
* 대손 : 대를 이을 자손.

신라 말년에 높은 벼슬을 하던 충지라는 사람이 있었습니다. 충지는 나라가 어지러운 틈을 타 스스로 장군이 된 다음, 금관성을 빼앗아 그곳의 성주가 되었습니다. 그때 충지 장군 밑에 영규라는 이가 있었는데 충지의 힘을 믿고 수로왕의 능묘에 제사를 지내던 사당을 차지했어요. 그러고는 마음대로 시조왕의 사당을 잡신을 모시는 당집으로 바꿔 버렸습니다.

　　이런 일이 있고 나서 마침 단옷날이 되었어요. 그래서 영규는 당집에 무당을 불러 복을 비는 굿판을 열었어요. 한데 굿을 하는 도중에 까닭 없이 대들보가 떨어져서 영규가 깔려 죽고 말았습니다. 그 소식을 들은 충지는 두려움에 떨었습니다. 그리고 속으로 생각했습니다.

　　'무슨 인연이 있는지 내가 옛 시조왕이 다스리던 땅을 차지하게 되었는데 제대로 모시지를 못해 이런 일이 일어난 것 같군. 사람을 시켜 시조왕의 화상*을 그려 놓고 치성*을 드려 은혜를 갚아야겠어.'

　　충지는 곧바로 유명한 화사*를 찾아 수로왕의 모습을 그리게

* 화상 : 사람의 얼굴을 그린 그림.
* 치성 : 있는 정성을 다함. 또는 그 정성.

했습니다. 충지는 석 자쯤 되는 비단에 그려진 시조왕의 화상을 자기 방에 붙여 놓았지요. 그러고는 화상 앞에 촛불을 밝히고 아침저녁으로 절을 하면서 정성을 다해 받들었어요.

정성을 바친 지 사흘 만에 괴이한 일이 일어났습니다. 수로왕의 두 눈에서 피눈물이 흘러 방바닥 가득 고였는데 그 양이 한 말이나 되었어요. 겁에 질린 충지는 가까운 사람들의 말을 듣고는 화상을 들고 사당으로 달려갔어요. 사당 앞에서 화상을 불사르며 자신의 잘못을 뉘우쳤습니다.

성으로 돌아온 충지는 가까운 부하에게 명을 내렸어요.

"너는 지금 곧바로 나가서 영규에게 사당을 빼앗긴 후손을 찾도록 해라. 정중히 모셔 와야 한다. 알겠느냐?"

한나절이 지난 뒤 부하는 어떤 사람을 데리고 왔습니다. 그는 충지 장군 앞에 허리를 굽히며 말했습니다.

"저는 옛 가락국 시조왕의 후손 규림이라고 하옵니다."

충지는 달려가 규림의 손을 잡으며 말했지요.

"어서 오시오. 반갑소이다. 오는 도중에 어제 일에 대해 들었을

---

* 화사 : 예전에 화가를 이르던 말.

것이오. 어쩌면 이렇게 불행한 일이 거듭 닥치는 것인지. 이는 분명히 우리가 시조왕께 잘못을 했기 때문일 것이오. 영규는 이미 죽었고, 나 또한 언제 무슨 일을 당할지 몰라 몹시 두렵기만 하구려. 영규가 빼앗은 땅과 사당을 돌려드릴 테니 이제부터 직계 후손인 그대가 제사를 모시기를 바라오."

이렇게 해서 왕위전과 사당을 되찾은 규림이 수로왕 제사를 다시 잇게 되었습니다. 규림이 여든여덟에 죽자 아들 간원이 뒤를 이어 제사를 받들었지요. 그런데 죽은 영규에게는 준필이라는 아들이 있었습니다. 그는 아버지의 일 때문에 시조왕의 사당에 앙갚음을 하려는 마음을 품고 있었어요.

한번은 단옷날이 되어 간원이 제물을 차려 놓고 제사를 드리고 있었지요. 그때 갑자기 준필이 무리를 이끌고 나타나 간원이 차려 놓은 제물을 억지로 걷어치워 버렸습니다. 그러고는 자기가 다시 제물을 차린 뒤 아버지의 혼을 위로한다며 제사를 드리기 시작했습니다. 그러나 준필은 세 번째 잔을 올리지 못하고 그 자리에서 정신을 잃고 쓰러졌습니다. 종들이 급히 업고 집으로 돌아갔는데 며칠을 시름시름 앓더니 그만 죽고 말았어요.

이 일을 지켜본 사람들은 모두 시조왕이 영험하다며 입을 모아

이야기했지요. 옛날 시조왕이 알에서 태어난 이야기, 바다를 건너온 허왕옥왕후와 결혼한 이야기도 꼬리를 물고 이어졌어요.

한번은 이런 일도 있었지요.

도적떼들이 사당 안에 보물이 많은 줄 알고 도적질을 하러 왔어요. 그때 갑자기 사당 안에서 갑옷 차림에 활과 화살을 든 용사한 사람이 뛰어나오더니 사방으로 빗발처럼 화살을 쏘아 댔어요. 도적 일고여덟 명이 그 자리에서 거꾸러졌지요. 나머지 도적떼들은 어쩔 수 없이 달아나 버렸습니다.

며칠이 지난 뒤 도적떼가 밤을 틈타 다시 도적질을 하러 왔어요. 용사가 지키고 있는 곳이라면 분명 엄청난 보물이 있으리라고 믿었기 때문이지요. 그런데 이번에는 길이가 서른 자나 되는 큰 구렁이가 번갯불 같은 눈을 번쩍이며 사당 옆에서 기어 나왔어요. 그러고는 놀라 도망치는 도적들을 따라가 물기 시작했지요. 그로 인해 10여 명의 도적들이 쓰러져 죽었어요. 요행히 살아남은 자들은 혼이 빠져 엎어지고 자빠지면서 달아나 버렸어요.

이런 일이 있은 뒤로 사람들은 수로왕의 능묘를 지키는 수호신이 있다는 것을 알게 되었습니다. 점점 소문이 퍼지자 다시는 능묘와 사당을 넘보는 무리들이 없었지요. 그래서인지 수로왕의 사당은

세운 지 800년이 흐른 뒤에도 여전히 잘 지켜졌습니다. 사당 안에 있는 보물도 그대로였고, 사당 주변에 심은 나무는 가뭄에도 마르지 않고 늘 무성했습니다.

고려 때의 일입니다. 이 지역 논밭이나 식량의 관리를 책임지고 있는 조문선이라는 관리가 조정에 장계*를 올렸어요.

'수로왕의 능묘에 소속된 왕위전은 너무 넓사옵니다. 그 가운데 절반은 예전대로 두고 절반은 관청의 일꾼들에게 나눠 주는 것이 좋을 듯하옵니다. 허락해 주옵소서.'

하지만 왕은 허락하지 않았습니다. 조정에서 내려온 답은 이러했습니다.

'하늘에서 내려온 알이 변해 성스러운 임금이 되셨고, 왕위에 올라 158세까지 사셨다. 이렇게 신령스러운 분이 일찍이 이 땅에는 없다. 왕위전은 수로왕이 돌아가신 뒤 그 능묘에 소속된 땅이다. 그것을 지금 와서 줄인다는 것은 참으로 두려운 일이다. 허락하지 않는다.'

* 장계 : 지방에 있는 신하가 자기 지역의 중요한 일을 왕에게 보고하는 일. 또는 그 문서.

그러나 조문선은 물러서지 않았지요. 왕위전을 줄이자고 거듭해서 조정에 장계를 올렸습니다. 그러자 왕도 그럴 듯하게 여겨 허락을 해 주었습니다. 왕위전의 반을 나눠 관청의 일꾼들에게 나눠 주었던 것이지요.

이 일이 거의 끝날 무렵 조문선은 피곤한 가운데 밤에 꿈을 꾸었어요. 꿈에 귀신처럼 보이는 일고여덟 명의 무리가 칼과 밧줄을 들고 와서 말했습니다.

"너는 큰 죄를 지었다. 이제 너의 목을 베어야겠다."

조문선은 목이 잘리는 형벌을 받다가 깜짝 놀라 꿈에서 깬 뒤 병에 걸렸습니다. 온몸이 떨리고 식은땀이 그치질 않았지요. 조문선은 이런 사실을 남에게 알릴 수가 없었기에 대신 멀리 도망쳐서 두려움을 떨치려고 했어요. 그러나 그는 관청 문을 나서자마자 쓰러져서 다시는 일어나지 못했습니다.

그 뒤 조정의 사신이 와서 사실을 조사한 다음 왕위전에 속한 땅을 모두 다시 돌려주었습니다. 이런 일이 또 일어나자 옛 가락 땅 사람들은 다시 한번 가락국 시조왕의 신령한 능력에 감탄했습니다. 그 뒤로도 여전히 능묘 주변의 숲은 무성했고, 왕위전은 늘 풍년이어서 제물을 마련하는 데 조금도 부족함이 없었습니다.

수로왕 능묘 앞 비석에는 이런 글이 새겨져 있습니다.

하늘과 땅이 열리자 해와 달이 처음으로 밝아졌다네.
천지 사이에 사람은 있었지만 임금은 아직 없었네.
중국의 왕조들이 세대를 거듭하고
동방의 나라들도 서울을 나누었네.
계림이 먼저 나라를 세우고
가락도 뒤를 이어 나라를 세웠다네.
스스로 임금을 정하지 못하니
누가 있어 백성을 보살피랴.
마침내 하늘님께서 저 백성들을 돌아보사
임금 될 표적*을 보여 주시고 특별히 신령님을 보내셨네.
산속에 알이 내려오시니 안개가 그 모습을 감추었네.
그 안이 아직 막막하니 겉도 아직 캄캄한데

* 표적 : 겉으로 드러난 자취.

바라보면 형상이 없는 듯하나 들으니 소리가 났다네.
무리들이 노래 불러 올리고 떼 지어 춤추어 바쳤다네.
이렇게 이레를 지내고 춤과 노래를 그치고 기다렸더니
바람이 불며 구름 걷히더니 하늘은 맑고 푸른데
한 가닥 자줏빛 끈에 매달려 둥근 알 여섯이 내려오셨네.
낯선 지방 낯선 땅에 지붕이 맞붙도록 집들은 즐비한데
담장처럼 늘어선 구경꾼들
우글우글 우글거리는 구경꾼들
다섯 분은 각 고을로 가시고 한 분이 이 성에 남으셨네.
같은 때 나서 행적도 같아 아우이자 형이고 형이자 아우
실로 하늘이 은혜를 베풀어 인간들을 위해 길을 닦았네.
왕위에 처음 오르자 온 나라 온 천하가 밝아지는 듯했네.
대궐을 짓는 데는 옛 법을 따랐고 흙 계단은 나지막했네.
온갖 정치에 비로소 힘쓰니 다스림이 고루 퍼졌다네.
기울지도 치우치지도 않고 오직 한 가지 원칙이 있을 뿐
길 가는 사람들은 길을 양보하고 농사꾼은 서로 도우니
온 나라가 발 뻗고 잠을 자고 만백성은 저마다 편안했네.
아침나절 이슬 같은 인생 누구도 만 년을 살 수는 없네.

하늘과 땅이 빛을 잃고 온 나라가 모두 슬픔에 잠겼네.
금빛처럼 찬란한 발자취 옥과 같이 떨친 그 이름
후손들 끊어지지 않으니 정성 어린 제물이 향기롭구나.
덧없는 세월은 흘러가지만 제도와 예절은 변함이 없네.

또 하나의 가야 건국 신화

두 가야국의 왕을 낳은
가야 산신 정견모주

가야산은 예로부터 신령한 산입니다. 우뚝 솟은 봉우리가 소의 머리를 닮았다고 해서 우두산이라 부르기도 하고, 그 아래 펼쳐진 봉우리들이 수천 개의 불상을 닮았다고 해서 천불산이라 부르기도 했지요.

아름답고도 신비로운 가야산에는 봉우리마다 골골마다 신들이 살았지요. 가야산의 신들 가운데 으뜸인 신이 바로 정견모주였습니다. 가야산 신들의 어머니였지요.

정견모주는 본래 세상을 만든 마고할미의 딸이었습니다. 마고

할미가 하늘과 땅을 만들고, 땅 위에 만물을 만들고 나서 땅을 다스리라고 딸들을 여러 곳으로 내려보냈지요. 그때 정견모주는 가야산의 산신이 되어 가야산과 그 산 아래에 있는 모든 땅을 다스리게 되었어요.

그때부터 가야산 아래 백성들은 정견모주를 으뜸 신으로 모시고 살았습니다.

가야산 봉우리와 계곡에는 때때로 천신*들이 내려와 놀기도 했습니다. 가야산의 맑은 물과 바람, 봉우리와 나무들이 너무나 아름다웠기 때문이지요. 하늘님의 아들 천신 이비가도 가야산을 찾곤 했어요.

천신 이비가는 어느 해 삼월 삼짇날 가야산에 내려왔다가 우연히 정견모주를 보게 되었습니다. 그날은 마침 백성들이 산신에게 제사를 지내는 날이어서 제사상을 받기 위해 나타난 정견모주를 멀리서 지켜보게 된 것이지요.

이비가는 정견모주의 아름다움에 한동안 넋을 잃고 있었어요. 다른 천신들이 하늘로 돌아갈 때가 되었다고 재촉할 때까지 말이

---

* 천신 : 하늘에 있다는 신. 또는 하늘의 신령.

지요.

  하늘로 돌아간 이비가는 고민 끝에 하늘님 앞에 나아갔습니다.

"땅으로 내려가 살고 싶사옵니다."

"어느 땅을 말하느냐?"

"가야산 지역이옵니다."

"왜 그곳이냐?"

"땅이 아름답고 기름져 사람들이 살기 좋은 땅이옵니다. 그곳에 내려가 나라를 세우고 싶사옵니다."

"그 땅에는 이미 주인이 있느니라. 그곳은 정견모주의 땅이다. 네가 내려가 무엇을 하겠느냐? 다른 데 마음이 있는 게 아니더냐?"

  하늘님은 이미 아들의 마음을 알고 있었습니다. 이비가가 바로 대답을 하지 못하자 하늘님이 다시 물었습니다.

"내가 네 마음을 모르겠느냐? 네 마음은 정견모주로 가득 차 있지 않느냐?"

  이비가는 고개를 숙이고 묵묵히 아버지 하늘님의 말씀을 듣고 있었지요.

"나는 오래전부터 가야산 아래 좋은 땅에 나라를 세울 뜻을 가지고 있었느니라. 다만 때를 기다린 것이지. 이제 그 때가 되었기 때문에 정견모주와 너를 만나게 한 것이다. 너는 우연히 정견모주를 본 것 같지만 사실은 그렇지가 않다. 이제 너는 다시 가야산으로 내려가 정견모주를 만나야 하느니라. 그러나 나라를 세우는 것은 네 일이 아니다. 너와 나를 대신하여 너와 정견모주의 아들들이 그 땅에 나라를 세우게 될 것이다."

"예, 아버님의 뜻대로 하겠사옵니다."

씩씩하게 대답은 했지만 이비가는 서운한 마음이 없지 않았습니다. 가야산에 내려가 나라를 세워 보고 싶은 마음도 있었으니까요. 하지만 그보다는 정견모주를 다시 만날 수 있다는 기쁨이 더 컸습니다.

천신 이비가는 다섯 마리 용이 끄는 수레에 정견모주에게 바칠 선물을 잔뜩 싣고 가야산 꼭대기로 내려갔습니다. 그런데 마치 약속이나 한 것처럼 흰 호랑이를 탄 정견모주가 기다리고 있었어요. 이비가가 깜짝 놀라자 정견모주가 미소를 지으며 말했습니다.

"그대는 지난 삼월 삼짇날 나를 훔쳐보던 천신 이비가가 아닌

지요?"

정견모주의 말에 이비가의 눈은 더 커졌지요.

"오늘 5월 5일, 그대가 오기를 기다리고 있었답니다."

"아니, 어떻게 알고 나를 기다렸단 말이오? 우린 이전에 만난 적이 없지 않소?"

마음을 가라앉힌 이비가가 비로소 되물었습니다.

"나는 하늘과 땅을 만든 마고할미의 딸로, 이 땅을 다스리는 정견모주랍니다. 나를 섬기는 백성들은 이 땅의 산과 들 사이에 마을을 이루어 오랫동안 잘 살고 있었답니다. 그런데 사람들이 많아지면서 이웃 마을과 다투게 되었습니다. 또 이웃 나라가 쳐들어오는 일이 많아지니 촌장들 사이에 나라를 세우자는 의견들이 생겼습니다. 그래서 나에게 제사를 지내면서 나라를 세우게 해 달라고 빌었습니다. 그래서 내가 백성들의 소원을 들어주기 위해 그대를 불렀답니다."

"나는 우리 아버지 하늘님의 뜻에 따라 그대를 만나 이 땅에 나라를 세우려고 온 것이지 그대의 부름에 따라온 것이 아니오."

좀 기분이 상한 이비가가 목소리를 높였습니다. 그러자 정견모주는 다시 미소를 지으며 말을 이어 갔지요.

"이는 나만의 뜻도 아니고 하늘님만의 뜻도 아니랍니다. 하늘과 땅의 마음이 하나가 된 것입니다. 그대가 나를 찾아온 것도 하나가 되기 위해서 아닌가요?"

그제야 이비가는 마음을 누그러뜨리고 정견모주를 다시 보았습니다. '보통 여신이 아니구나!' 마음속으로 이런 생각을 하면서 말이지요. 그러면서 정견모주를 향해 손을 내밀었습니다.

"그대의 큰 뜻을 알겠소."

가야산신 정견모주와 천신 이비가는 손을 잡고 우두봉 아래 정견모주가 머물고 있는 동굴로 들어갔습니다. 그들이 들어가자 동굴 안이 환하게 밝아지면서 온통 빛으로 둘러싸였지요. 아름다운 음악 소리가 울려 나오고, 향기도 흘러나왔어요. 동굴 밖에서는 다섯 마리의 용과 흰 호랑이가 지키고 있었지요.

동굴에서 보름을 머문 천신 이비가는 용 수레에 몸을 실었습니다. 땅 위에서 할 일을 다 마쳤으니까요. 이비가는 매년 5월 5일에 만나기로 약속하고 정견모주와 아쉬운 작별 인사를 나눴지요. 용 수레를 타고 구름 위로 올라가는 이비가를 정견모주는 오랫동안 바라보았습니다.

이듬해 삼월 삼짇날이었습니다. 가야산 아랫마을 사람들이 가야산신 정견모주에게 제사를 드리러 모여들었습니다. 모두 아홉 마을의 촌장과 백성들이 제물을 마련하여 우두봉 아래 제단을 차렸지요.

아홉 마을 촌장들이 앞에 나와 기원을 올렸습니다.

"비나이다. 비나이다. 가야산의 어머니, 우리 모두의 어머니 정견모주께 비나이다. 지금까지 보살펴 주셨듯이 올해도 풍년이 들게 해 주시고, 마을마다 집집마다 아무 탈 없이 지내게 도와주시길 비나이다. 우리 아홉 마을이 백성들도 많아지고, 마을도 커졌으니 힘을 합쳐 한 나라가 되길 비나이다. 우리에게 성스럽고 덕스러운 임금님을 보내 주시어 새로운 나라를 세워 산 너머, 바다 건너 다른 나라로부터 우리를 지킬 수 있게 해 주시길 비나이다."

촌장들의 기원이 끝날 무렵 갑자기 제단 위쪽 동굴에서 오색구름이 뭉게뭉게 피어오르더니 점점 제단을 뒤덮었습니다. 촌장과 백성들은 모두 땅에 엎드렸지요. 그때 구름 속에서 정견모주의 목소리가 울려 나왔어요.

"나는 마고할미의 딸로 이 땅에 와서 오랫동안 너희들을 보살

펼고, 또 너희들은 나를 정성으로 섬겼노라. 너희들의 정성이 갸륵하여 내가 하늘님의 아들 이비가와 더불어 한 몸을 이루어 너희들의 임금을 낳았으니 내 아들들을 모셔다가 믿음직한 나라를 세우도록 하여라."

우두봉에서 울리는 정견모주의 목소리는 가야산 봉우리마다 메아리가 되어 울려 퍼졌습니다.

메아리가 잦아들 즈음 촌장들은 천천히 고개를 들었습니다. 어느새 오색구름은 깨끗이 걷혀 있었지요. 그때 누군가가 소리를 질렀습니다.

"앗, 저게 뭐야?"

촌장들과 백성들의 눈길이 일제히 한곳으로 쏠렸지요.

눈길이 모인 제단 위에는 커다란 알 두 개가 올려져 있었습니다. 3월의 따사로운 햇빛을 받으며 알은 황금빛으로 번쩍이고 있었습니다.

촌장들과 백성들은 정견모주에게 세 번 절을 올렸습니다. 어머니 같은 정견모주의 은혜에 감사하는 마음을 올렸지요.

그리고 나서 촌장들은 알을 지고 조심조심 산을 내려왔습니다.

우리 임금, 정견모주가 낳은 우리 임금.
땅의 아들 하늘의 아들 우리 임금.

백성들은 이런 노래를 부르고 춤을 추며 그 뒤를 따랐지요.

다음 날 알을 모셔 둔 방의 문을 열었을 때 촌장들은 또 한 번 놀라고 말았습니다. 알은 보이지 않고 잘생긴 아이 둘이 앉아 있었으니까요. 촌장들이 허리를 굽혀 절을 하자 한 아이가 입을 열었습니다.

"나는 뇌질주일, 이 아이는 쌍둥이 동생 뇌질청예입니다. 우리는 어머니 정견모주, 아버지 이비가 님의 뜻에 따라 이 땅에 나라를 세우러 왔습니다."

"예. 저희들이 그 뜻을 받들겠나이다."

또렷또렷한 뇌질 형제의 목소리에 촌장들은 무릎을 꿇고 한목소리로 대답했습니다.

두 형제가 열다섯 살이 되었을 때 아홉 촌장들은 형인 뇌질주일을 임금으로 세우고 나라를 열었습니다. 가야산 아래 세운 나라여서 대가야국이라고 했지요.

촌장들은 두 사람을 모두 왕으로 모실 수 없어서 걱정을 했습니다.

그러나 뇌질청예는 모든 것을 형에게 양보했어요. 뇌질청예는 임금이 된 형을 마음껏 축하해 주면서 자신은 옆에서 돕겠다고 했지요.

그러던 어느 날 뇌질청예의 꿈에 어머니 정견모주가 나타났습니다.

"사랑하는 아들, 뇌질청예야. 혹시 형이 임금이 되었다고 마음이 상하지는 않았느냐? 너는 따로 할 일이 있느니라. 너는 곧 강을 따라 내려가거라.

강이 끝나는 곳, 바다가 시작되는 곳에 너를 기다리는 백성들이 있을 것이다. 그곳이 네가 다스릴 땅이니 거기에 가서 또 하나의 가야국을 세우도록 하여라."

이튿날 아침, 뇌질청예는 임금에게 꿈 이야기를 했습니다.

"어머니의 말씀대로 길을 떠나 뜻을 이루겠습니다."

형은 동생이 가는 길을 말릴 수 없었습니다. 그것이 어머니 정견모주의 뜻이었으니까요.

뇌질주일 임금은 동생을 모시고 갈 신하와 남녀 종들을 마련해

주고, 큰 배에 가야산에서 나는 여러 가지 보물들을 가득 실어 주었습니다.

뇌질청예가 탄 배는 강을 타고 하류로 흘러 내려갔습니다. 배가 다다른 곳은 바다와 가까운 김해 땅이었어요. 뇌질청예는 그곳 백성들에게 큰 환영을 받았습니다. 김해 지역 여러 마을의 촌장과 백성들은 며칠 전 구지봉에서 울리는 하늘님의 목소리를 들은 뒤 임금을 기다리고 있었으니까요.

뇌질청예는 금관가야라는 나라를 세우고 왕위에 올랐습니다. 금관처럼 빛나는 나라, 으뜸가는 나라라는 뜻이었지요. 금관가야국의 첫 임금 뇌질청예의 다른 이름은 수로였습니다. 모든 백성들의 으뜸, 모든 임금들의 으뜸이라는 뜻이었어요. 백성들은 뇌질청예 임금을 자랑삼아 수로왕으로 불렀습니다.

그 뒤 뇌질청예는 대가야국으로 사신을 보냈습니다. 쌍둥이 형인 대가야의 뇌질주일 임금에게 금관가야국을 세웠다는 소식을 알리기 위해서였지요. 그리고 금관가야에서도 매년 삼월 삼짇날마다 정견모주에게 제사를 올리겠다는 약속도 전했지요. 뇌질주일 임금도 사신을 보내 금관가야의 건국을 축하해 주었어요.

해마다 삼월 삼짇날이 되면 뇌질주일 임금은 대가야에서,

뇌질청예 임금은 금관가야에서 가야산의 어머니 정견모주에게 제사를 올렸습니다.

 정견모주는 언제나 가야산에 머물면서 대가야와 금관가야의 임금들과 백성들을 지켜 주었습니다. 외적의 침입도 막아 주고 농사도 잘 되고 물고기도 많이 잡히게 해 주고 병든 사람들도 낫게 해 주었어요. 정견모주는 오랫동안 가야의 어머니로 가야의 백성들을 돌보았답니다.

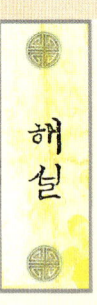

거북아 거북아 머리를 내밀어라

보통 고구려·백제·신라가 다투던 시대를 삼국 시대라고 합니다. 하지만 신라에 정복당하기는 했지만 700여 년이나 나라가 이어졌던 가야도 있었습니다. 그래서 어떤 역사학자들은 이 시대를 사국 시대라고 해야 한다고 말하지요. 그런데 가야는 여러 나라가 함께 뭉친 나라였어요. 이런 나라를 연맹 국가라고 하는데 처음에는 금관가야, 나중에는 대가야가 이 연맹 국가의 우두머리였습니다. 가야 수로왕 건국신화는 금관가야의 신화이자 가야 연맹 국가의 건국신화지요.

그래서인지 가야 건국신화는 처음부터 심상치가 않습니다. 가야 사람들이 해마다 봄가을로 지내는 제삿날에 사건이 일어납니다. 하늘의 목소리가 들린 것이지요. 하늘님의 명령을 받은 임금이 내려온 것입니다. 한데 임금이 바라는 바가 이상합니다. 봉우리의 흙을 한 줌씩 쥐고 '거북아 거북아 머리를 내밀어라. 내밀지 않으면 구워 먹으리라.' 라는 노래를 부르면서 춤을 추라는 것이었으니까요. 무리들이 시키는 대로 했더니 자줏빛 줄이 하늘에서 드리워지고 줄 끝에 붉은 보자기로 싼 금 상자가 나타났습니다. 상자 속에는 해같이 둥근 알이 여섯 개나 있었고요. 대단히 극적인 장면이 펼쳐지고 있는 것이지요.

 이를 두고 여러 가지 해석이 있지만 가야 사람들이 신이자 임금을 맞이하는 행사를 연극적으로 꾸민 것이라고 생각해 볼 만합니다. 해마다 제사를 드릴 때 이런 공연을 벌인 것이지요. 거북이는 바로 그 제사상에 올려진 상징적인 제물입니다. 요즘 굿을 할 때 돼지를 올리는 것처럼 바닷가에 가까이 살던 가야 사람들에게 거북이는 귀하고 신성한 동물이었겠지요. 이 장면은 마치 고구려의 주몽이 비가 내리게 하늘에 빌라고 흰 사슴을 위협하는 장면과 비슷합니다. 가야 사람들은 거북이 머리를 내미는 것이 구름에 가린 해가 나타나듯 임금이 나타나는 것과 같은 것으로 믿었던 셈이지요.

 가야 건국신화에서 또 하나 눈길을 끄는 대목은 수로왕의 결혼식 장면입니다. 뜻밖에도 왕후는 바다를 건너옵니다. 환웅이나 주몽, 혁거세의 혼인과 전혀 다른 모습니다. 멀리 아유타국의 공주 허황옥이 하늘님의 명령을 받고 수로왕을 찾아온 것이지요. 그런데 아유타국은 옛날 인도에 있는 나라였습니다. 게다가 성이 허씨라니요? 뭔가 이상하지만 당시에도 바닷길을 따라 국제적인 교류가 있었고, 허황옥이란 이름은 나중에 새로 붙인 것으로 생각하면 이상할 게 없지요. 고려 시대까지도 허황옥과 김수로가 처음 만나는 장면을 다시 꾸민 놀이를 했다는 것을 보면 그런 일이 없었다고 하기도 어렵습니다. 수로와 황옥은 우리나라에서 최초로 국제결혼을 한 부부였던 것이지요.

가야 건국신화의 후반부를 장식하는 것은 주로 수로왕에 대한 제사 이야기입니다. 죽어서 신이 된 수로왕의 힘이 보통이 아니었다는 이야기지요. 이것도 다른 건국신화와 다른 면인데 까닭이 있습니다. 가야 건국신화는 《가락국기》라는 이름으로 《삼국유사》에 실려 있는데 《가락국기》는 본래 고려 문종 때 금관가야 지역(현재는 김해)을 다스리던 관리가 지은 가야의 역사책입니다. 그것을 일연 스님이 《삼국유사》에 요약해서 실어 놓은 것입니다. 그래서 후삼국 시대나 고려 시대에 있었던 이야기까지 덧붙일 수 있었던 것이지요. 이 책은 《삼국유사》에 실린 《가락국기》를 바탕으로 다시 쓴 가야 건국신화입니다.

그런데 《가락국기》에는 없는 이야기를 뒤에 덧붙여 놓았습니다. 바로 정견모주라는 여신이 뇌질청예, 곧 수로왕의 어머니라는 이야기지요. 앞의 건국신화와는 상당히 다른 이야기지만 기록이나 구전으로 전해지는 이야기입니다. 쌍둥이가 태어난 이야기는 환웅과 웅녀가 단군을 낳은 이야기, 해모수와 유화가 만나 주몽을 낳은 이야기와 비슷하지요. 그렇다면 이것도 가야의 다른 건국신화임이 분명합니다. 《삼국유사》와 같은 유명한 책에 기록되지는 못했지만 말이지요. 대가야를 세운 뇌질주일이 형인 것을 보면 이것은 대가야의 건국신화가 아니었을까요? 대가야는 가야산 밑에 있었으니까요. 그래서 정견모주가 천신과 만나 뇌질주일, 뇌질청예를 낳은 이야기도 이 책에 넣었습니다. 둘을 비교하면서 가야 건국신화를 읽어 보면 재미와 의미가 배가 될 것입니다.

조현설(서울대학교 국어국문학과 교수)

상상력의 보물창고 ● 한겨레 옛이야기

세상이 처음 생겨난 이야기 · 신화편
1. 창조의 신 소별왕 대별왕   신동흔 글 · 오승민 그림
2. 영혼의 수호신 바리공주   백승남 글 · 류준화 그림
3. 농사와 사랑의 여신 자청비   임정자 글 · 최현묵 그림
4. 사계절의 신 오늘이   유영소 글 · 한태희 그림
5. 염라국 저승사자 강림도령   송언 글 · 정문주 그림

조선을 사로잡은 영웅들의 이야기 · 인물편
6. 조선의 여걸 박씨부인   정출헌 글 · 조혜란 그림
7. 아기장수 우뚜리   송언 글 · 정성화 그림
8. 박지원의 친구들   장주식 글 · 노을진 그림
9. 암행어사 박문수   박현숙 글 · 윤정주 그림
10. 조선의 영웅 김덕령   신동흔 글 · 김용철 그림

우리 산천에 얽힌 재미난 이야기 · 전설편
11. 다자구야 들자구야 할머니   송언 글 · 조혜란 그림
12. 백두산 천지가 생겨난 이야기   박상률 글 · 이광익 그림
13. 꽃들이 들려주는 옛이야기   송언 글 · 이영경 그림
14. 선비 뱃속으로 들어간 구렁이   최성수 글 · 윤정주 그림
15. 울미 마, 울산바위야   조호상 글 · 이은천 그림

이야기로 엿보는 조상들의 꿈과 희망 · 민담편
16. 돌이 어쩌구 개구리 저쩌구   박상률 글 · 송진희 그림
17. 누군 누구야 도깨비지   조호상 글 · 정병식 그림
18. 사마장자 우마장자   송언 글 · 박철민 그림
19. 구렁덩덩 뱀신랑   원유순 글 · 이광익 그림
20. 방귀쟁이 며느리   최성수 글 · 홍선주 그림

변하지 않는 고전의 그윽한 향기 · 고전소설편
21. 허생전   장주식 글 · 조혜란 그림
22. 춘향전   신동흔 글 · 노을진 그림
23. 이생규장전   백승남 글 · 한성옥 그림
24. 전우치전   송재찬 글 · 신혜원 그림
25. 금방울전   임정자 글 · 양상용 그림
26. 장화홍련전   김회경 글 · 김윤주 그림
27. 심청전   김예선 글 · 정승희 그림
28. 토끼전   장주식 글 · 김용철 그림
29. 한중록   임정진 글 · 권문희 그림
30. 구운몽   신동흔 글 · 김종민 그림